RÉPUBLIQUE FRANÇAISE.

MINISTÈRE DU COMMERCE, DE L'INDUSTRIE ET DES COLONIES.

BUREAU DE LA STATISTIQUE GÉNÉRALE DE FRANCE.

CATALOGUE

DÉTAILLÉ

DES OUVRAGES EXPOSÉS PAR LE MINISTÈRE

DANS

LA SALLE N° 11 DU PALAIS DES ARTS LIBÉRAUX.

(GROUPE II, CLASSE 16.)

CHAMP DE MARS. — EXPOSITION UNIVERSELLE.

PARIS.

IMPRIMERIE NATIONALE.

M DCCC LXXXIX.

CATALOGUE

DÉTAILLÉ

DES OUVRAGES EXPOSÉS PAR LE MINISTÈRE

DANS

LA SALLE N° 11 DU PALAIS DES ARTS LIBÉRAUX.

(GROUPE II, CLASSE 16.)

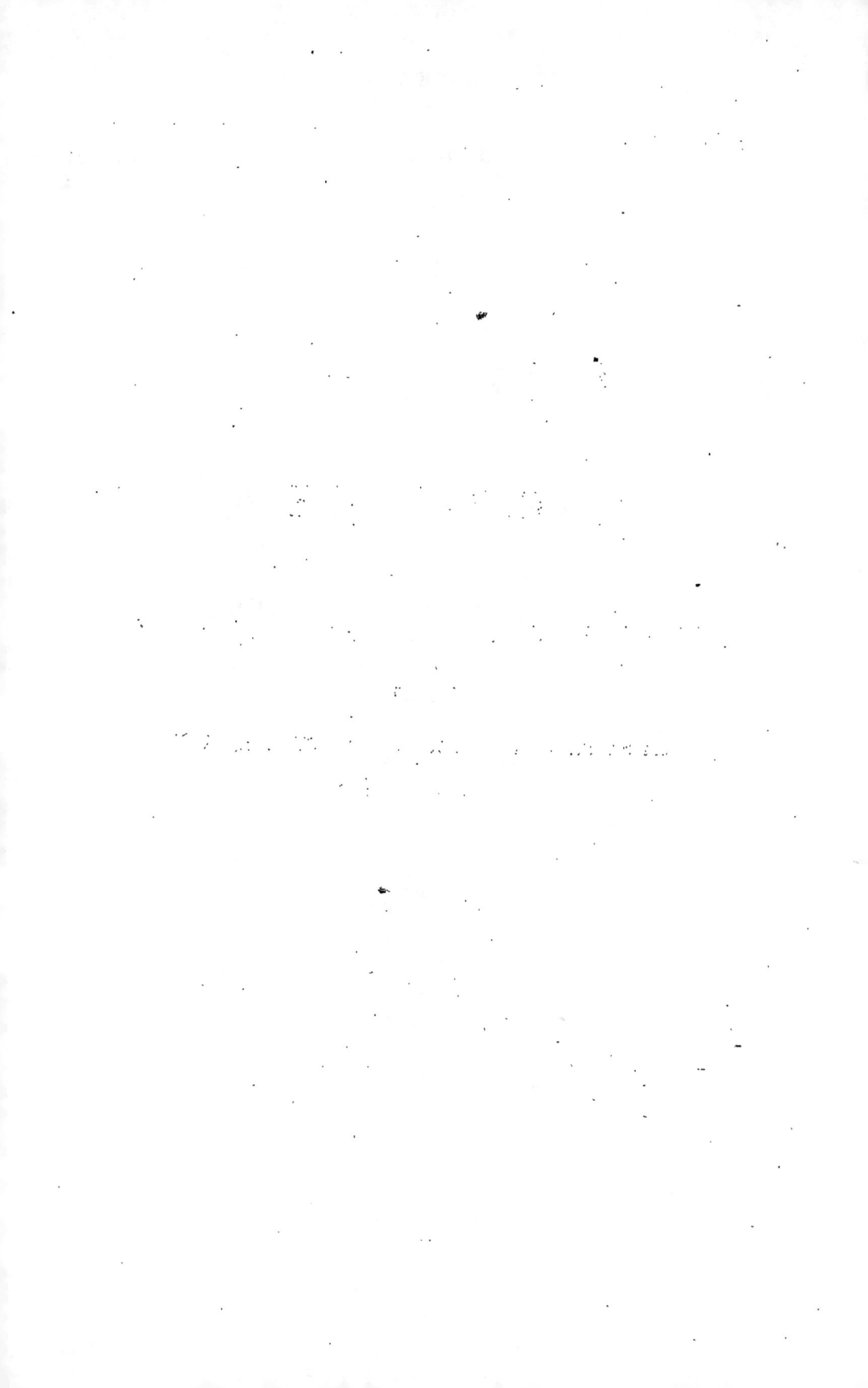

RÉPUBLIQUE FRANÇAISE.

MINISTÈRE DU COMMERCE, DE L'INDUSTRIE ET DES COLONIES.

BUREAU DE LA STATISTIQUE GÉNÉRALE DE FRANCE.

CATALOGUE

DÉTAILLÉ

DES OUVRAGES EXPOSÉS PAR LE MINISTÈRE

DANS

LA SALLE N° 11 DU PALAIS DES ARTS LIBÉRAUX.

(GROUPE II, CLASSE 16.)

CHAMP DE MARS. — EXPOSITION UNIVERSELLE.

PARIS.

IMPRIMERIE NATIONALE.

M DCCC LXXXIX.

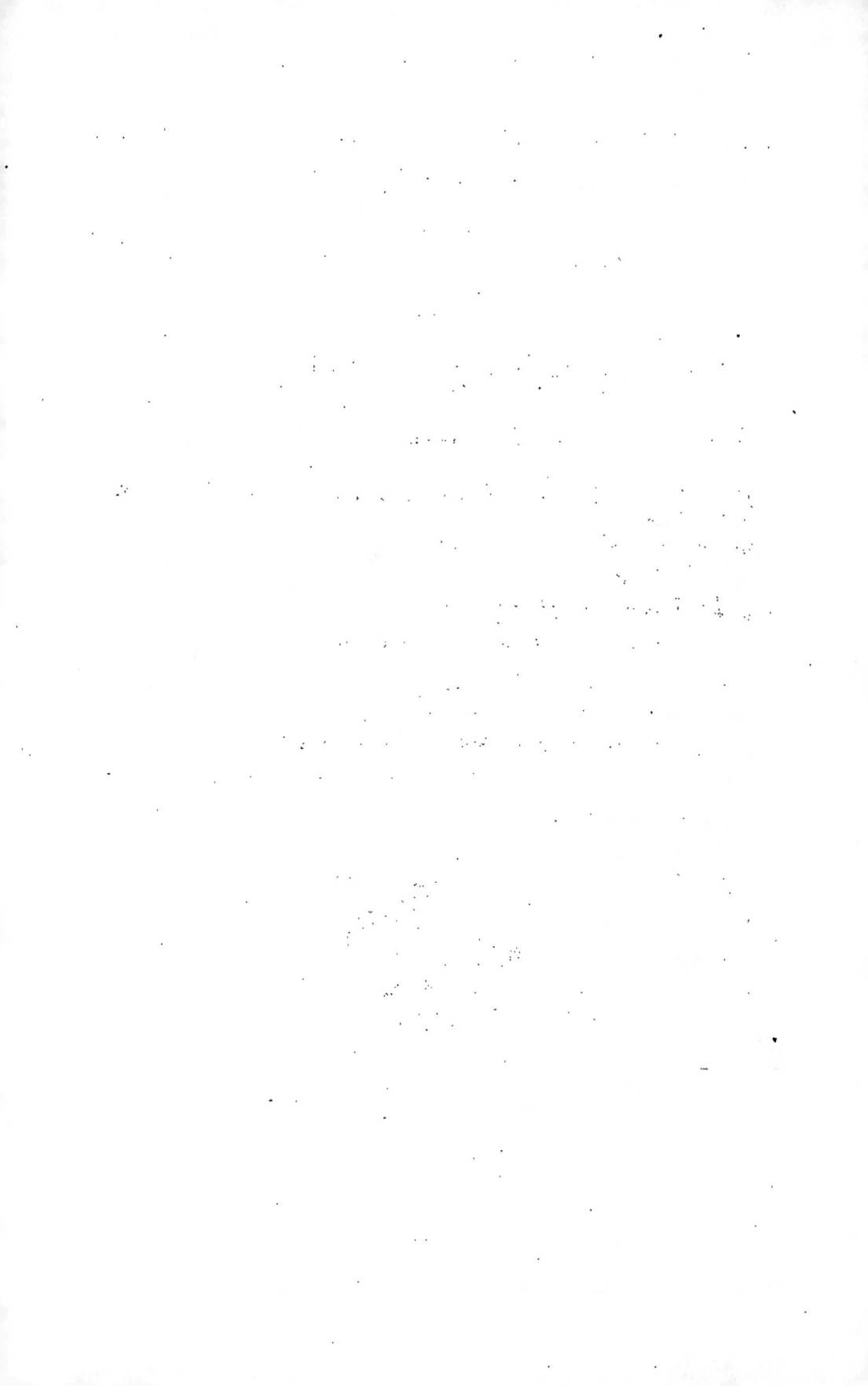

STATISTIQUE GÉNÉRALE DE FRANCE.

LISTE

*des ouvrages exposés par le service de la statistique générale de France,
dans la salle n° 11 du palais des Arts libéraux. (Groupe II, classe 16.)*

Les ouvrages de statistique graphique exposés par le Ministère comprennent la série des travaux les plus importants exécutés pendant ces dernières années par le bureau de la Statistique générale de France, au seul point de vue démographique.

Leur réunion a donné lieu à 55 cartogrammes manuscrits, dressés à différentes échelles, et à 18 diagrammes teintés, également construits à la main; ces 73 figures remplissent les trois grands panneaux qui couvrent les murs de la salle n° 11 de la classe 16.

Il convient en outre de noter 292 diagrammes compris dans l'album graphique de la population.

En outre, la collection complète des publications du service depuis l'année 1835 jusqu'en 1889, au nombre de 73 volumes, se trouve déposée sur la table de la salle n° 11.

L'exposition de la Statistique générale de France comprend en résumé:

Ouvrages manuscrits.

55 cartes,
18 diagrammes,
2 albums manuscrits, dont l'un renferme 292 diagrammes,
2 stéréogrammes,
2 albums.

Ouvrages publiés.

73 volumes dont un album de statistique graphique.

I. OUVRAGES MANUSCRITS.

A.

CARTOGRAMMES.

Les 55 cartogrammes ou cartes teintées exécutés à la main comportent cinq échelles différentes :

$$18 \text{ cartogrammes ont été dressés à l'échelle du } \frac{1}{4,000,000}$$
$$28 \quad — \quad \frac{1}{1,600,000}$$
$$6 \quad — \quad \frac{1}{1,250,000}$$
$$2 \quad — \quad \frac{1}{320,000}$$

Enfin une mappemonde, représentant les résultats statistiques du dénombrement des Français à l'étranger, a été construite à l'échelle du $\frac{1}{10,000,000}$.

Sur les 55 cartes de France exposées, deux présentent les résultats de statistiques *par commune*. (Carte de la mortalité n° 8 et de la natalité n° 10 dans l'Ouest de la France.)

Trois sont basées sur la circonscription cantonale (Carte de la mortalité n° 11, de la natalité n° 16 et de la nuptialité n° 54.)

Cinq ont été dressées en prenant pour base l'arrondissement. (Accroissement de la population française depuis le commencement du siècle; mouvements divers de la population, mariages, naissances, décès; excédent des naissances sur les décès.)

Pour les 45 autres cartes, l'unité territoriale est le département.

Les cartogrammes par communes et par cantons ont été dressés d'après le système *des courbes de niveau*.

Deux cartogrammes ont été dressés d'après le système dit *des foyers diagraphiques*. (Mappemonde des Français à l'étranger [carte n° 40]; classement des familles d'après le nombre de leurs enfants [carte n° 55].)

Les autres cartes ont été teintées soit en une couleur (*cartogrammes monochromes*, soit en deux couleurs (*cartogrammes bichromes*).

NOMENCLATURE DES CARTES.

Carte n° 1. Fécondité légitime. — Nombre de naissances légitimes par mariage, pendant les vingt années de la période 1867-1886. *Bleu et rose.* — *Échelle de* $\frac{1}{1,600,000}$.

Cette carte est basée sur le rapprochement des 17,500,000 naissances légitimes et de 7,550,000 mariages qui ont été constatés en France pendant la période 1867-1886. La moyenne générale des naissances a été de 3 par mariage pour toute la France, mais elle s'est élevée à 4 dans les Hautes-Alpes, la Corse, le Finistère, la Lozère, et elle s'est abaissée à 2.5 et au-dessous dans l'Aube, le Calvados, la Charente-Inférieure, l'Eure, le Gers, la Gironde, l'Indre-et-Loire, le Lot-et-Garonne, l'Orne, la Sarthe, la Seine.

Carte n° 2. Naissances naturelles sur 100 naissances totales pendant les dix années de la période 1877-1886. *Couleur carmin.* — *Échelle de* $\frac{1}{1,600,000}$.

Cette carte résulte de la comparaison des 710,858 naissances naturelles enregistrées en France pendant la période décennale 1877-1886, avec le chiffre des naissances totales de la même période (9,324,000 naissances). La proportion moyenne s'est trouvée de 7.60 p. 100, alors que dans le Nord de la France (Aisne, 10.85 p. 100, Pas-de-Calais, 10.90, p. 100, Seine-Inférieure, 12.33 p. 100, Somme, 12.25 p. 100, Seine, 24.40 p. 100.) cette proportion dépasse 10 p. 100, et qu'en Bretagne, en Vendée et dans le bassin de la Garonne elle varie de 2 à 3 p. 100.

Carte n° 3. Population rurale en 1886. — Proportion pour 100 habitants. *Orange et vert.* — *Échelle de* $\frac{1}{4,000,000}$.

On a considéré comme rurale toute commune n'ayant pas 2,000 habitants agglomérés. Les régions dans lesquelles la proportion de la population rurale est la plus grande sont la Bretagne, le Massif central (teinte orange). Dans le Nord, le Nord-Est, et les régions baignées par la Méditerranée, la proportion de la population urbaine est beaucoup plus considérable (teinte verte).

Carte n° 4. Nombre moyen d'habitants par commune en 1886. *Orange et vert.* — *Échelle de* $\frac{1}{4,000,000}$.

Carte tirée des résultats statistiques du dernier dénombrement. Dans l'Est et dans le Nord de la France (sauf le département du Nord), le nombre moyen d'habitants par commune varie de 400 à 1,000 habitants. Dans l'Ouest et le Centre, ce nombre varie entre 1,100 et 3,000. C'est en Bretagne et en Provence que les communes comptent le plus d'habitants.

Cartes n° 5 et 6. Degré d'instruction des époux. — Proportion pour 100 mariages des femmes mariées (carte n° 5) et des hommes mariés (carte n° 6) ayant signé d'une croix leur acte de mariage. (Période 1877-1886.) *Couleur verte, même diapason pour les deux cartes.* — *Échelle de* $\frac{1}{1,600,000}$

Quatre cartes de l'instruction des époux ont été dressées par le service de la Statistique générale de France. Deux se rapportent aux hommes, deux aux femmes qui ont contracté mariage pendant les périodes décennales 1867-1876 et 1877-1886. Les deux seules cartes n° 5 et 6 relatives au degré d'instruction des époux pendant la période 1877-1886 figurent sur les murs de la salle n° 11, les deux autres se trouvent dans l'album graphique.

Pendant la période 1867-1876, le nombre d'hommes ayant signé d'une croix leur acte de mariage était de 22.7 p. o/o, la proportion des femmes complètement illettrées pendant la même période s'élevait à 34.6.

Dix ans après, pendant la période 1877-1886, les proportions s'étaient abaissées respectivement à 15 p. 100 pour les hommes et à 23.7 pour les femmes.

Carte n° 5. Épouses. — Moyenne générale 23.7 p. 100. — La proportion des femmes qui n'ont pu signer leur acte de mariage s'est élevée à 64 p. 100 dans le Finistère, à 55 dans la Haute-Vienne, à 59 dans les Pyrénées-Orientales ; cette proportion s'est abaissée à 1 p. 100 dans la Meuse et dans les Vosges.

Carte n° 6. Époux. — Moyenne générale 15 p. 100. — Départements extrêmes : d'une part, Morbihan, 44 p. 100, Finistère, 42 p. 100, Corrèze et Côtes-du-Nord, 38 p. 100, Dordogne, 35 p. 100 ; d'autre part, Meuse, Meurthe-et-Moselle, Vosges, 0.6 p. 100, territoire de Belfort, 08. p. 100.

Carte n° 7. Naissances gémellaires sur 10,000 naissances. — Période 1867-1886. *Couleur bleue.* — *Échelle de* $\frac{1}{1,000,000}$.

Cette carte est basée sur les 19,584,195 naissances enregistrées dans la période 1867-1886, parmi lesquelles 189,164 accouchements doubles ont été observés. La moyenne générale, calculée pour toute la France, s'est trouvée de 96.5 pour 10,000 naissances ; les départements dans lesquels cette proportion a été la plus considérable sont : la Vendée 128.1, la Savoie et la Haute-Savoie, respectivement 125 et 126, le Morbihan 117.1, les Vosges 116.4, la Mayenne 114.3, les Ardennes 113.5, le Finistère 113.1, les Côtes-du-Nord 111.8, les Hautes-Alpes 111 p. 1,000, la Meuse 110.5, la Seine-Inférieure 110.1 p. 1,000. Au contraire on a compté moins de 80 naissances doubles p. 10,000 naissances dans la Charente 78.4, le Lot 76.6, la Corse 76.4, la Lozère 70, la Seine 69.4, l'Ain 68, la Corrèze 65.7, la Haute-Garonne, le Gers, la Gironde de 63 à 64.5.

Carte n° 8. Mortalité par commune en 1886. *Cartogramme à courbes de niveau et teintes bichromes. Vert et rose.* — *Échelle de $\frac{1}{320,000}$.*

Cette carte présente l'intensité relative de la mortalité générale (nombre de décès pour 1,000 habitants) dans les communes de la partie occidentale de la France, comprenant une partie de la Normandie, la Bretagne, le Maine et l'Anjou. Cette intensité a été assimilée à un relief de terrain, et a pu être représentée suivant le système des courbes de niveau. Les régions affectées d'une mortalité inférieure à 23 décès pour 1,000 habitants ont été teintées en rose ; celles qui ont une mortalité plus faible ont reçu une teinte verte. Plus la mortalité d'une région s'est écartée de la moyenne (zone blanche), plus la teinte verte ou rose a été accentuée, conformément à un diapason placé à gauche de la carte. Les régions qui ont été le plus éprouvées par la mortalité ont été les deux presqu'îles terminant au N.-O. et au S.-O. le département du Finistère (en général de 40 à 60 décès pour 1,000 habitants.) C'est du côté de la Basse-Loire et de la Sarthe que l'on a relevé le moins de décès (10 à 15 p. 1,000 habitants).

Carte n° 9. Fécondité légitime. Nombre moyen des naissances légitimes sur 100 femmes mariées de moins de 45 ans. Période 1877-1886. *Vert et rose.* — *Échelle de $\frac{1}{1,000,000}$.*

Nombre moyen, pour toute la France, de naissances sur 100 femmes mariées de moins de 45 ans, 19.4. Départements extrêmes, Finistère, Côtes-du-Nord, Morbihan, Corse, Ille-et-Vilaine, Lozère ; plus de 30 naissances ; Aube, Charente, Côte-d'Or, Eure, Haute-Garonne, Gers, Gironde, Indre-et-Loire, Oise, Orne, Seine, Tarn-et-Garonne, Yonne, 15 naissances et au-dessous ; Lot-et-Garonne 11 naissances.

Carte n° 10. Natalité par commune en 1886. *Cartogrammes à courbes de niveau et teintes bichromes. Vert et rose.* — *Échelle de $\frac{1}{320,000}$.* (Voir plus haut carte 8).

Cette carte présente les variations de la natalité générale (nombre de naissances pour 1,000 habitants, dans les communes de la partie occidentale de la France). La natalité varie de 40 à 60 p. 1,000 dans la Basse-Bretagne (arrondissement de Châteaulin, de Quimper, de Quimperlé, de Lorient) et de 10 à 15 dans certaines régions de l'Anjou, du Maine, et de la Normandie.

Carte n° 11. Mortalité par canton en 1886. *Bleu et rose.* — *Échelle de* $\frac{1}{1,250,000}$. *Cartogramme à courbes de niveau et teintes bichromes.*

La zone blanche indique la mortalité moyenne, 22 à 23 p. 1,000. Cette carte, renfermant 2,871 cotes de mortalité, indique les principaux foyers permanents de mortalité ainsi que les régions qui ont souffert d'épidémies en 1886. L'influence de la mortalité urbaine s'y détache nettement, sauf pour les campagnes dans lesquelles on envoie un grand nombre d'enfants en nourrice, et qui accusent par cela même une forte mortalité (environs de Paris, départements de la Seine-Inférieure, de l'Aube, de l'Yonne, de la Drôme, de l'Ardèche, etc.) Les zones de mortalité indiquées dans cette carte s'échelonnent de 14 à 33 décès par 1,000 habitants.

Carte n° 12. Natalité par département en 1884. (Nombre de naissances pour 1,000 habitants. *Vert et rose.* — *Échelle de* $\frac{1}{4,000,000}$.)

Carte n° 13. Nuptialité par département en 1884. (Nombre de mariages pour 1,000 habitants. *Vert et rose.* — *Échelle de* $\frac{1}{4,000,000}$.)

Carte n° 14. Mortalité par département en 1884. (Nombre de décès pour 1,000 habitants. *Vert et rose.* — *Échelle de* $\frac{1}{4,000,000}$.)

Cette carte accuse les ravages causés par l'épidémie cholérique en 1884 dans le Sud-Est de la France.

Carte n° 15. Excédent réciproque des naissances et des décès par département pendant l'année 1884. *Vert et rose.* — *Échelle de* $\frac{1}{4,000,000}$.

Cette carte procède des cartes 12 et 14 et montre l'augmentation ou la diminution naturelle de la population, par suite de l'excédent des naissances ou des décès. C'est dans le Nord, la Bretagne, les Landes et le centre de la France que l'excédent des naissances est le plus marqué (couleur rose); en Normandie, Bourgogne, Gascogne et Provence, la diminution annuelle de la population par suite de l'excédent des décès est sensible (couleur verte).

Carte n° 16. Natalité par canton (proportion des naissances pour 1,000 habitants). *Verte et rose.* — *Échelle de* $\frac{1}{1,250,000}$. *Cartogramme à courbes de niveau.*

Cette carte, basée sur 2,871 cotes de natalité montre comment s'est répartie la natalité générale de la France, par canton, en 1886. Elle précise les données générales fournies par les cartes par département et par arrondissement. Elle présente néanmoins douze fois moins de détails que la carte placée immédiatement au-dessus (*même chassis, carte n° 10, natalité par commune*); la zone blanche indique les régions où la natalité est de 23 à 25 pour 1,000 habitants (*moyenne générale*).

Carte n° 17. Mortalité du premier âge. — Enfants légitimes. — Nombre de décès d'enfants de moins d'un an, comparé à celui des naissances pendant la période 1877-1886. *Couleur grise.* — *Échelle de* $\frac{1}{1,600,000}$.

Cette carte est basée sur 1,348,624 décès et 8,613,462 naissances.

La mortalité moyenne annuelle des enfants légitimes de moins d'un an a été pendant la période 1877-1886, de 15.6 p. 100; elle s'est élevée à plus de 20 dans la plus grande partie du bassin de la Seine (Eure-et-Loir 23.7, Seine-Inférieure 22.1 p. 100) et dans les départements de l'Ardèche 22.8 p. 100, Vaucluse 24.3 p. 100.

Cette proportion a été au-dessous de 10 p. 100 dans les départements ci-après : Creuse 9.5 p. 100, Landes 5.6 et Vienne 7.7 p. 100.

Carte n° 18. Carte des centenaires. *Couleur verte.* — *Échelle de* $\frac{1}{1,600,000}$.

Cette carte indique quelle a été de 1853 à 1885 la proportion des centenaires décédés dans chaque département sur 100,000 habitants (population moyenne).

Dans les Pyrénées, cette proportion dépasse 30 p. 100,000; elle diminue au fur et à mesure que l'on s'avance vers le Nord; elle n'est que de 1 à 2 p. 100,000 habitants dans le Finistère, l'Ain, et quelques départements de l'Est.

PANNEAU OCCUPANT LE FOND DE LA SALLE 11.

Carte n° 19. Enfants. — Proportion des enfants pour 100 habitants. *Couleur bleue.* — *Échelle de* $\frac{1}{1,600,000}$.

Cette carte montre quelle est pour chaque département la proportion des enfants de moins de 18 ans pour le sexe masculin et de moins de 15 ans pour le sexe féminin, sur 100 habitants. Cette proportion varie de 36.5 p. 100 dans le Finistère à 23 p. 100 dans la Seine, le Lot-et-Garonne et l'Aube. La moyenne générale est de 29.5 p. 100.

Carte nº 20. Célibataires adultes. — Proportion pour 100 habitants. *Couleur verte.* — *Échelle de* $\frac{1}{1,600,000}$.

Cette carte montre comment varie suivant les départements, la proportion des célibataires adultes. Sur 100 habitants on en a compté 15 à 17 dans le Lot-et-Garonne, l'Allier, l'Yonne, la Sarthe, l'Eure-et-Loir, le Loir-et-Cher, et plus de 50 dans les Hautes-Pyrénées (département où l'on se marie le moins) dans la Charente-Inférieure, la Savoie. La moyenne générale est de 23.3 p. 100.

Carte nº 21. Fécondité des familles. — Effectif moyen des familles ayant des enfants. *Bleu et rose.* — *Échelle de* $\frac{1}{1,600,000}$.

Cette carte montre que l'effectif moyen des familles ayant des enfants étant de 4.32 pour toute la France s'élève à plus de 5 dans les départements du Finistère, des Côtes-du-Nord, et du Morbihan; il s'abaisse à moins de 4 dans l'Aube, les départements de la Normandie et de la Gascogne.

Carte nº 22. Fécondité des familles. — Nombre moyen d'enfants par famille (toutes familles réunies). *Vert et orange.* — *Échelle de* $\frac{1}{1,600,000}$.

La moyenne est de 2.07 enfants vivants par famille; elle est de 1.51 dans le Lot-et-Garonne et l'Orne, et de 3 dans le Finistère.

Carte nº 23. Population professionnelle. — Commerce. *Couleur grise.* — *Échelle de* $\frac{1}{1,600,000}$.

Cette carte montre combien de personnes (familles comprises) vivent du commerce, sur 100 habitants, dans chaque département. C'est dans la Seine (27.5 p. 100), dans les Bouches-du-Rhône (25 p. 100), et dans le Rhône (22.8 p. 100) que l'on trouve le plus de population commerçante. Dans la Lozère, cette proportion tombe à 3 p. 100, et dans la Corrèze à 2.4 p. 100 Proportion moyenne 11 p. 100.

Carte nº 24. Étrangers en France—Espagnols. *Couleur bistre.*—*Échelle de* $\frac{1}{1,600,000}$.

Carte montrant la répartition (chiffres absolus) des Espagnols en France, au moment du dernier dénombrement (1886). Nombre total des Espagnols recensés en France 79,550. Les Basses-Pyrénées en ont compté 17.958 et les Pyrénées-Orientales 10,404.

Carte nº 25. Ménages de personnes isolées. — Proportion de personnes vivant isolées sur 100 habitants. *Vert et violet.* — *Échelle de* $\frac{1}{1,000,000}$.

Proportion moyenne des personnes vivant isolées (teinte blanche) 4.25 p. 100. Cette proportion s'élève à plus de 6 p. 100 dans la Seine, le Calvados, la Marne, l'Aube et la Charente-Inférieure; elle s'abaisse à moins de 2 p. 100 dans le Finistère, la Corse, la Haute-Vienne, la Corrèze et la Dordogne.

Carte n° 26. Nombre de personnes mariées sur 100 habitants. *Bleu et rose.* — *Échelle de* $\frac{1}{4,000,000}$.

Proportion moyenne (teinte blanche), 40 p. 100. — Départements extrêmes, plus de 48 p. 100 dans le Lot-et-Garonne, le Tarn-et-Garonne, l'Eure, l'Aube, l'Yonne; moins de 32 p. 100 dans les Landes, la Savoie, la Haute-Savoie, la Creuse, le Nord, et toute la Bretagne.

Carte n° 27. Veufs (deux sexes réunis) sur 100 habitants. *Bleu et rose.* — *Échelle de* $\frac{1}{4,000,000}$.

Proportion moyenne des veufs 7.8 p. 100 habitants. — Départements extrêmes, Creuse 11 p. 100, Calvados et Orne 10 p. 100; de 5 à 6, Vienne, Corrèze, Nord, Finistère.

Carte n° 28. Ménages de famille. — Composition moyenne d'un ménage de famille. *Vert et rose.* — *Échelle de* $\frac{1}{1,600,000}$.

Moyenne générale 3.9 personnes par ménage; départements extrêmes, plus de 4.6 personnes dans le Finistère, les Côtes-du-Nord, le Morbihan, la Dordogne, la Lozère, les Basses-Pyrénées, la Savoie, et la Haute-Savoie; moins de 3.4 dans la Seine, l'Eure, l'Indre-et-Loire, l'Aube, l'Yonne, la Drôme, la Charente et la Charente-Inférieure.

Carte n° 29. Étrangers en France. — Allemands. *Couleur grise.* — *Échelle de* $\frac{1}{1,600,000}$.

Sur 100,114 Allemands recensés en 1886, en France, 35,718 habitent la Seine, 20,683 la Meurthe-et-Moselle. La plus grande partie des Allemands habitent le Nord-Est de la France.

Carte n° 30. Natalité par arrondissement en 1884. *Vert et rose.* — *Échelle de* $\frac{1}{4,000,000}$. *Cartogramme à courbes de niveau.*

Carte n° 31. Mortalité par arrondissement en 1884. *Vert et rose.* — *échelle de* $\frac{1}{4,000,000}$. *Cartogramme à courbes de niveau.*

Carte n° 32. Étrangers en France. — Anglais. *Couleur rose.* — *Échelle de* $\frac{1}{4,000,000}$.

Nombre d'Anglais recensés en France, à la date du 30 mai 1886 :
36,134 personnes. La plupart des Anglais habitent le département de la
Seine, de Seine-et-Oise, du Pas-de-Calais, ainsi que les départements du
Nord-Ouest de la France.

Carte n° 33. Proportion des Français nés dans les départements où ils
ont été recensés. *Bleu et rose.* — *Échelle de* $\frac{1}{4,000,000}$.

Proportion moyenne 84.5 p. 100. Départements extrêmes; cette proportion s'élève à plus de 95 p. 100 dans le Lot, la Corrèze, les Landes, les
Pyrénées-Orientales, l'Hérault, la Haute-Savoie, la Corse, les Côtes-du-Nord,
le Finistère; elle tombe au-dessous de 70 p. 100 dans les Bouches-du-Rhône,
le Rhône, la Gironde, la Seine et Seine-et-Oise (40 p. 100).

Carte n° 34. Population éparse. *Bleu et rose.* — *Échelle de* $\frac{1}{4,000,000}$.

C'est dans la Bretagne, le Limousin, les Landes, et dans tout le bassin
de la Loire que l'on compte le plus de population éparse. C'est dans le
bassin de la Seine, le Nord-Est de la France, dans le Sud-Est (Pyrénées-
Orientales et Corse) que l'on en compte le moins.

Carte n° 35. — Étrangers en France. — Belges. — *Couleur bleue.* —
Échelle de $\frac{1}{4,000,000}$.

Sur les 482,281 Belges recensés lors du dernier dénombrement (1886),
298,901 habitaient le département du Nord et 57,649 celui de la Seine;
c'est dans la région septentrionale de la France que l'on en compte le
plus.

Carte n° 36. — Mariages pour 1,000 habitants en 1884, par arrondissement. *Bleu et rose.* — *Échelle de* $\frac{1}{4,000,000}$.

Cette carte montre qu'il y a plus de mariages en général dans les arrondissements urbains que dans les ruraux. C'est dans les Pyrénées et dans les
Alpes qu'on célèbre le moins de mariages; en Dordogne que l'on se marie
le plus.

Carte n° 37. — Excédent réciproque des naissances et des décès par arrondissement en 1884. *Vert et rose.* — *Échelle de* $\frac{1}{4,000,000}$. *Cartogramme à courbes
de niveau.* Cette carte résulte de la différence, terme à terme, des chiffres
inscrits dans les cartes 30 et 31. Elle fournit quatre fois plus de détails que
la carte n° 15, dressée par département.

Carte n° 38. — Étrangers en France. — Italiens. — *Couleur verte.* —
Échelle de $\frac{1}{1,000,000}$.

Le nombre des Italiens recensés en France s'est élevé, à la date du dernier dénombrement, à 264,568 individus, dont 70,088 dans les Bouches-du-Rhône, 28,351 dans la Seine, 23,105 dans le Var, 39,165 dans les Alpes-Maritimes, 16,087 en Corse. En général, les Italiens se rencontrent surtout à l'Est et au Sud-Est de la France.

Carte n° 39. — Étrangers de toute nationalité recensés en France. *Couleur rose.* — *Échelle de* $\frac{1}{1,600,000}$. *Cartogramme à courbes de niveau.*

Proportion pour 1,000 habitants. Le nombre des étrangers de toute nationalité recensés en France a été de 1,126,115 en 1886; ils habitent de préférence, le département de la Seine étant mis à part, le long des frontières voisines de leur pays d'origine. Aussi voit-on les courbes de niveau se dessiner parallèlement aux frontières. Le centre de la France compte très peu d'étrangers.

Carte n° 40. — Dénombrement des Français à l'étranger. Mappemonde indiquant la répartition, en chiffres absolus, des Français sur la surface du globe. *Multicolore.* — *Échelle de* $\frac{1}{20,000,000}$. *Cartogramme à foyers diagraphiques.*

Le nombre des Français a été indiqué, dans chaque partie du monde, puis dans chaque pays, par des cercles de couleur proportionnés à l'importance de la colonie française qui y a été recensée. Les cercles totalisateurs de chaque partie du monde sont *rouges*, les cercles partiels se rapportant aux pays sont *bleus* pour l'Amérique, *oranges* pour l'Europe et l'Océanie, *verts* pour l'Afrique, *bleus* pour l'Asie.

Afin de ne pas être confondue avec les Français habitant à l'étranger, la population des colonies a été indiquée par des cercles *gris-perle*, et celle de l'Algérie par un cercle *argenté*, avec un cercle intérieur *bleu*, indiquant le nombre des Français qui s'y trouvent (260,000).

Le dénombrement des Français à l'étranger a donné les résultats suivants :

Europe	201,100
Asie	15,000
Afrique	21,000
Amérique du Nord	112,000
Amérique du Sud	30,000
Océanie	3,000
TOTAL des Français à l'étranger	382,000
TOTAL de la population des colonies	6,731,000
Métropole	38,218,000
TOTAL général de la population de la République française (non compris les populations protégées).	45,331,000

Carte nº 41. Étrangers en France. — Suisses. — *Couleur carmin.* — *Échelle de* $\frac{1}{1,600,000}$.

Nombre de Suisses recensés en France en 1886 : 78,584. — 27,233 ont été comptés dans le département de la Seine; la plupart des autres Suisses habitent l'Est et le bassin de la Seine.

Carte nº 42. Français à l'étranger rapportés à leur département d'origine. *Couleur rose.* — *Échelle de* $\frac{1}{1,600,000}$.

Les départements qui ont fourni le plus d'émigrants français, sont les Basses-Pyrénées, la Seine, le Nord, les Bouches-du-Rhône. Le centre de la France a fourni un contingent insignifiant d'émigrants.

PANNEAU OCCUPANT LE MUR DE DROITE DE LA SALLE 11.

Carte nº 43. Population professionnelle. — Agriculture. *Couleur orange.* — *Échelle de* $\frac{1}{1,600,000}$.

La proportion moyenne des personnes de toutes conditions vivant de l'agriculture a été en 1886, pour toute la France, de 47.8 p. 100. Cette proportion dépasse 75 p. 100 dans le Gers, le Lot, la Lozère, l'Ardèche. C'est dans le Nord et le Nord-Est que la proportion des agriculteurs est le plus faible (Seine 2 p. 100, Seine-et-Oise 17 p. 100, Nord 22 p. 100, Ardennes 30 p. 100, etc.)

Carte nº 44. Population professionnelle. — Personnes vivant exclusivement de leurs revenus. *Couleur bleue.* — *Échelle de* $\frac{1}{1,600,000}$.

C'est dans la Seine et dans les départements voisins que l'on compte le plus de personnes vivant (familles comprises) de leurs revenus, proportion moyenne 6 p. 100; 22 p. 100 dans Seine-et-Oise.

Carte nº 45. Population professionnelle. — Industrie. *Couleur rose.* — *Échelle de* $\frac{1}{1,600,000}$.

La proportion moyenne des personnes de toutes conditions (familles comprises) vivant de l'industrie est de 25 p. 100, pour toute la France. Cette proportion varie de 5,8 dans la Lozère à 50.8 dans le Nord. Les seuls départements du Midi de la France qui offrent un caractère industriel marqué sont : le Tarn, les Alpes-Maritimes et les Bouches-du-Rhône; le Rhône et la Loire forment un groupe distinct.

Carte nº 46. Population professionnelle. — Professions libérales. *Couleur verte.* — *Échelle de* $\frac{1}{1,600,000}$.

Le département de la Seine et du Doubs étant mis à part, c'est dans le Midi de la France que se trouvent réunies le plus de personnes vivant (fa-

3

milles comprises) de professions libérales. Proportion moyenne 3 p. 100 ; de 1 à 2 p. 100 en Bretagne, de 3 à 7 dans le Midi.

Carte n° 47. Population professionnelle. — Domestiques des deux sexes, sur 1,000 ménages de deux personnes et au-dessus. *Couleur rose.* — *Échelle de $\frac{1}{1,600,000}$.*

Il résulte de cette carte que, les domestiques agricoles étant mis à part, il se trouve beaucoup plus de domestiques dans l'Ouest, le centre et le Sud-Ouest de la France, que dans le Nord et le Nord-Est.

Proportion moyenne en France : 216 domestiques sur 1,000 ménages de deux personnes et plus ; proportion moyenne dans le massif central, 300 à 500 ; en Bretagne, 300 à 400 ; dans l'Est, de 80 à 100.

Carte n°s 48 et 53. Âge moyen des décédés, hommes (carte n° 48), femmes (carte n° 53). *Vert et violet, même diapason pour les deux cartes.* — *Échelle de $\frac{1}{1,250,000}$.*

La somme des années vécues a été calculée d'après les relevés de l'état civil, pendant la période de vingt ans écoulée de 1867 à 1886, et elle a été divisée par le nombre des décédés, pour chacun des deux sexes, et pour chaque département. L'âge moyen des décédés a été de 37 ans 3 mois 10 jours, pour l'ensemble de la France.

Les départements dans lesquels l'âge moyen des décédés est le plus grand sont les départements gascons (le Gers 51 ans pour les deux sexes, 51 ans 9 mois pour le sexe féminin et 50 ans 4 mois pour le sexe masculin ; le Lot-et-Garonne 50 ans pour les deux sexes, 51 ans 2 mois pour le sexe féminin et 48 ans 11 mois pour le sexe masculin), l'Eure, l'Aube ; ceux dans lesquels la vie moyenne est, au contraire, la plus courte sont le Finistère (28 ans 11 mois pour les deux sexes réunis, 29 ans 8 mois pour le sexe féminin et 28 ans 3 mois pour le sexe masculin). Dans les seuls départements des Basses-Alpes et du Gard, la vie moyenne de l'homme l'emporte sur celle de la femme.

Carte n° 49. Accroissement de la population par arrondissement pendant la période 1801-1886. *Vert et rose.* — *Échelle de $\frac{1}{1,600,000}$.*

Afin de faciliter les comparaisons, les populations de chaque arrondissement ont été ramenées systématiquement à 1,000 habitants en 1801. Les arrondissements teintés en rose sont ceux qui ont augmenté, en vert ceux dont la population a diminué depuis 1801.

Arrondissements qui ont plus que doublé : Saint-Denis (8 fois 1/2 plus peuplé); Sceaux (sextuplé); Paris (quadruplé); Marseille, Montbéliard, Saint-Étienne, Lille, Lyon, la Roche-sur-Yon (triplé), Narbonne, Boulogne, Montluçon, Perpignan, Nancy, Bordeaux, Avesnes, Valenciennes, Le Havre, Alais, Limoges, Quimper, Béthune (doublé).

Arrondissements qui ont diminué de plus de 1/5ᵉ : Bernay, Argentan, Falaise, Agen, Pontaudemer, Lectoure.

Carte nº 50. — Accroissement relatif des départements (1801 à 1886). *Vert et rose. — Échelle de $\frac{1}{4,000,000}$.*

Cette carte présente les mêmes phénomènes que la précédente, mais par département. Elle est donc quatre fois moins détaillée.

Carte nº 51. — Augmentation ou diminution de la population par kilomètre carré, dans chaque arrondissement, pendant la période 1801 à 1886. *Vert et rose. — Échelle de $\frac{1}{4000000}$. Cartogramme à courbes de niveau.*

Cette carte montre la variation absolue de la population par kilomètre carré, tandis que les cartes nᵒˢ 49 et 50 montrent les variations de cette population par rapport à elle-même, prise pour unité en 1801. Elle indique la variation de la densité même de la population. Dans certains arrondissements de la Normandie, qui ont, somme toute, peu diminué, eu égard à leur population initiale en 1801, la densité a diminué de 20 habitants par kilomètre carré, alors que l'arrondissement de Sartène, dont la population a presque doublé, n'a gagné que 10 habitants par kilomètre carré.

Carte nº 52. — Âge moyen de la population des deux sexes. *Couleur rose. — Échelle de $\frac{1}{1,600,000}$.*

L'âge moyen des vivants a été calculé d'après les données du dénombrement de la population en 1886. Cette carte peut être utilement rapprochée des cartes nᵒˢ 48 et 53. (Âge moyen des décédés).

L'âge moyen des vivants dans le Finistère dépasse à peine 28 années, alors qu'il dépasse 36 ans dans le Gers, le Lot-et-Garonne, l'Aube et l'Eure.

Carte nº 54. — Nuptialité par canton en 1886. *Couleur bleue. — Échelle de $\frac{1}{1,250,00}$.*

Le nombre de mariages a été calculé sur 1,000 habitants dans chaque canton. Cette carte, monochrome, montre quelle a été la répartition des mariages pendant l'année 1886, et distingue nettement, dans certaines régions, les cantons urbains des cantons ruraux. Comme il ressort déjà des cartes par département et arrondissement, c'est dans les cantons pyrénéens que les mariages ont été les plus rares.

Carte n° 55. — Classement des familles suivant le nombre de leurs enfants, dans chaque département (nombre des familles ramené à 100). *Bleu et rouge.* — *Échelle de* $\frac{1}{1,250,000}$. *Cartogramme à foyers diagraphiques.*

Dans chaque département, aussi bien que pour la ville de Paris, et pour chaque état civil, le nombre de familles a été ramené à 100, et les proportions respectives des familles qui ont 0, 1, 2, 3, 4, 5, 6, 7 enfants et plus ont été représentées par des rectangles de même hauteur que l'on a ensuite superposés symétriquement de manière à former 93 pyramides distinctes.

La distribution des familles par catégories de fécondité différente ressort de cette façon clairement pour chaque département, les rectangles *bleu clair* indiquent la proportion, sur 100 familles de celles qui n'ont pas d'enfants vivants; le rectangle qui occupe le haut de chaque pyramide, ordinairement très étroit, indique la proportion des familles qui ont 7 enfants et plus.

C'est en Normandie, en Gascogne et à Paris que l'on compte le plus de familles stériles; et c'est en Bretagne, en Vendée, en Savoie et en Corse que l'on compte à la fois le moins de familles qui ont peu d'enfants et le plus qui ont 7 enfants et au-dessus.

B.

DIAGRAMMES.

PANNEAU OCCUPANT LE MUR DE GAUCHE DE LA SALLE N° 11.

Diagramme n° 1. Population par sexe, âge et état civil, dans le Finis-tère. *Rose, rouge et noir.* — *Dimensions de la feuille : 50 centimètres sur 70 centimètres.*

Ce diagramme, dit pyramide des âges, montre, comme les suivants, (n°s 2, 3, 4, 5, 6, 16, 17, 18) la manière dont se répartit une population par sexe, par âge et par état civil.

Dans cette figure, l'effectif de chaque groupe quinquennal d'âge, se trouve représenté par un rectangle horizontal proportionnel à son importance et s'étend de part et d'autre d'un axe vertical suivant le sexe. Par suite de cette disposition, les influences de l'immigration, de l'émigration aux différents âges de la vie et surtout de l'extinction naturelle des générations, par suite de la mortalité, apparaissent nettement.

On a marqué symétriquement dans chaque tranche d'âge, et pour chaque sexe, la part qui revient aux célibataires, aux gens mariés et aux veufs. La partie claire représente les célibataires, la partie foncée les mariés et enfin le noir indique les veufs dans chaque sexe.

Afin de faciliter les comparaisons, les populations ont été toutes rame-nées au nombre uniforme de 100,000 habitants.

Le diagramme n° 1 figure la composition de la population du Finistère, département qui se distingue par le plus d'enfants en bas âge, le moins de vieillards et la vie moyenne la plus courte.

Diagramme n° 2. Population par sexe, par âge et par état civil dans le département de la Creuse. *Rose, rouge et noir.* — *Dimensions de la feuille : 50 centimètres sur 70 centimètres.*

Cette pyramide des âges se trouve tout à fait déformée par suite de l'émi-gration temporaire d'un très grand nombre d'habitants des deux sexes, de 20 à 40 ans.

Diagramme n° 3. Population par sexe, par âge et par état civil, dans le département des Basses-Pyrénées. *Rose, rouge et noir.* — *Dimensions de la feuille : 50 centimètres sur 70 centimètres.*

Diagramme montrant la déformation symétrique de la pyramide des âges par suite de l'émigration à l'étranger d'une partie de la population des deux sexes, à l'âge de 20 ans.

Diagramme nº 4. Population par sexe, par âge et par état civil, dans le département de l'Eure. *Rose, rouge et noir.* — *Dimensions de la feuille : 50 centimètres sur 70 centimètres.*

Ce diagramme représente la figure pyramidale affectée par une population à faible natalité, à forte nuptialité, comptant beaucoup de veufs et surtout de veuves, mais dans lequel la vie moyenne est très longue.

PANNEAU OCCUPANT LE FOND DE LA SALLE Nº 11.

Diagramme nº 5. Français à l'étranger. Pyramide des âges de la population française habitant l'étranger, par sexe, par âge et par état civil. *Trois teintes de vert.* — *Dimensions : 50 centimètres sur 70 centimètres.*

Cette figure montre que les hommes sont très sensiblement plus nombreux parmi les Français qui émigrent que les femmes ; que les enfants y sont en nombre beaucoup moindre que les adultes, et que l'on y compte peu de vieillards.

Les célibataires adultes des deux sexes sont en proportion beaucoup plus grande, relativement à la métropole, que les mariés, et surtout que les veufs.

PANNEAU OCCUPANT LE MUR DE DROITE DE LA SALLE Nº 11.

Diagramme nº 6. Population par sexe, par âge et par état civil dans le département de la Seine. *Rose, rouge et noir.* — *Dimensions : 50 centimètres sur 70 centimètres.*

Cette pyramide est le type de la représentation d'une population composée en grande partie d'immigrants ; proportion faible d'enfants et très forte d'adultes ; vieillards en nombre relativement faible.

Diagramme nº 7. Mortalité absolue par sexe, par âge et par état civil dans le département de la Seine, pendant la période 1853-1886. *Rose, rouge et noir.* — *Dimensions : 50 centimètres sur 70 centimètres.*

Cette figure, s'appliquant aux décès, a été construite d'après le même principe que les pyramides des âges ; c'est-à-dire que l'effectif de chaque groupe quinquennal de décédés a été représenté par un rectangle horizontal proportionnel à son importance, s'étendant de part et d'autre d'un axe vertical, suivant le sexe. La part de chaque état civil a été marquée dans chaque sexe et à chaque tranche d'âge par une teinte claire pour les décédés célibataires, une teinte foncée pour les décédés mariés et une partie noire pour les décédés veufs.

La figure n° 7 qui résulte du classement des décès relevés dans le département de la Seine pendant trente-deux années, manque de symétrie à cause de la mortalité beaucoup plus grande qui y est constatée chez les hommes que chez les femmes aux âges de 30 à 60 ans.

Diagramme n° 8. Table de mortalité pour chacun des deux sexes pendant la période 1853-1885, dans toute la France. *Vert et rouge. — Dimensions : 1ᵐ 20 sur 2 mètres.*

Ce diagramme indique, pour chacun des deux sexes, l'intensité relative de la mortalité à chaque âge de la vie. Il est composé en réalité de deux diagrammes juxtaposés suivant l'axe des âges. La mortalité figurée du sexe masculin est située à gauche (partie rouge), et celle du sexe féminin est située à droite de cet axe (partie verte).

Cette double table de mortalité a été calculée d'après la formule adoptée par les congrès internationaux de statistique : $m = \frac{P}{P + 1/2 D}$, dans laquelle m exprime la chance de mourir à un âge donné, D représente le nombre brut des décès de cet âge, et P l'effectif moyen des vivants du même âge.

Les calculs nécessités par l'établissement de cette table de mortalité reposent sur 68 millions et demi d'existences et sur 29 millions de décès.

Diagramme n° 9. Classement des familles (sur 100 familles) d'après le nombre de leurs enfants. — Toutes familles réunies. *Couleur rose. — Dimensions : 35 centimètres sur 50 centimètres.*

Ce diagramme montre comment se répartissent les familles en France, d'après le nombre de leurs enfants vivants.

Pour faciliter les comparaisons avec les trois figures suivantes (diagrammes nᵒˢ 10, 11 et 12), le nombre des familles a été ramené à 100.

La proportion générale des familles qui n'ont pas d'enfants (n'en ayant jamais eu, n'en ayant pas encore, ou les ayant perdus) est de 20 p. 100. — Celle des familles qui ont 7 enfants et plus est de 2.2 p. 100.

Diagramme n° 10. — Classement des familles (sur 100 familles) d'après le nombre de leurs enfants. — Familles de mariés seulement. *Couleur bleue. — Dimensions : 35 centimètres sur 50 centimètres.*

Ce diagramme ressemble beaucoup au précédent à cause de la grande majorité des familles de mariés ; néanmoins le nombre des familles n'ayant pas d'enfants est de 18 p. 100 au lieu de 20 p. 100, proportion générale.

Diagramme n° 11. Classement des familles (sur 100 familles) d'après le nombre de leurs enfants. — Familles de veufs seulement. *Couleur verte.* — *Dimensions : 35 centimètres sur 50 centimètres.*

Dans les familles de veufs, le nombre de celles qui n'ont pas d'enfants est de 25 p. 100 ; celles qui n'en ont qu'un sont au nombre de 23 p. 100.

Diagramme n° 12. Classement des familles (sur 100 familles) d'après le nombre de leurs enfants. — Familles de divorcés. *Couleur jaune.* — *Dimensions : 35 centimètres sur 50 centimètres.*

Les familles de divorcés ont fort peu d'enfants : 44 p. 100 sont sans enfants, 25 p. 100 en ont un seul, et 0.4 p. 100 en ont sept et plus.

Diagramme n° 13. Mortalité absolue, par sexe, par âge et par état civil, dans la population urbaine. (Période 1853-1886). *Gris clair, gris foncé et noir.* — *Dimensions : 50 centimètres sur 70 centimètres.*

Cette figure a été construite de la même manière que les pyramides des âges et que le diagramme n° 7 (mortalité absolue dans le département de la Seine) ; elle s'applique à la population urbaine. (Population entière de toutes les communes qui ont plus de 2,000 habitants agglomérés, et est basée sur 8 millions et demi de décès observés dans ces villes, pendant 32 années). (Décès ramenés à 100,000.)

La mortalité des adultes du sexe masculin de 20 à 25 ans y apparaît nettement, augmentée en apparence par une forte immigration des individus de cet âge. Voir le diagramme n° 16, placé immédiatement au-dessous (vivants par âge, population urbaine).

Diagramme n° 14. Mortalité absolue, par sexe, par âge et par état civil, dans la population rurale. (Période 1853-1886). *Vert clair, vert foncé et noir.* — *Dimensions : 50 centimètres sur 70 centimètres.*

Cette figure s'applique aux 18 millions et demi de décès survenus dans la population rurale (communes de moins de 2,000 habitants agglomérés) pendant la période 1853-1886. Elle se ressent de l'émigration des campagnes, et elle montre que les vieillards sont plus nombreux à la campagne qu'à la ville. Ce diagramme doit être examiné en même temps que la figure n° 17, placée immédiatement au-dessous (vivants par âge, population rurale).

Diagramme n° 15. Mortalité absolue par sexe, par âge et par état civil, dans la population totale. (Période 1853-1886). *Rose, rouge et noir. — Dimensions : 50 centimètres sur 70 centimètres.*

Ce diagramme résume, en les superposant, les diagrammes n° 7 (Seine), n° 13 (population urbaine), et n° 14 (population rurale), et doit être examiné en même temps que la figure n° 18, située immédiatement au-dessous (vivants par âge, population totale).

Diagramme n° 16. Population urbaine par sexe, par âge et par état civil. *Gris clair, gris foncé et noir. — Dimensions : 50 centimètres sur 70 centimètres.*

Cette pyramide d'âges se rapporte à la population des communes qui ont plus de 2,000 habitants agglomérés, département de la Seine excepté. Elle montre la faiblesse de la natalité dans les populations urbaines, en même temps que l'importance de l'immigration des adultes des deux sexes de 20 à 25 ans (armée et domesticité).

Diagramme n° 17. Population rurale par sexe, par âge et par état civil. *Vert clair, vert foncé et noir. — Dimensions : 50 centimètres sur 70 centimètres.*

Cette pyramide d'âges se rapporte à la population des communes qui ont moins de 2,000 habitants agglomérés. Elle indique le vide causé, dans chacun des deux sexes, à partir de l'âge de 20 ans, par l'émigration des campagnes. Elle accuse en outre l'existence dans les campagnes d'un beaucoup plus grand nombre d'enfants et de vieillards que dans les villes.

Diagramme n° 18. — Population totale, par sexe, par âge et par état civil. *Bleu clair, bleu foncé et noir. — Dimensions : 50 centimètres sur 70 centimètres.*

Cette pyramide résulte de la superposition des trois pyramides n° 6 (département de la Seine), n° 16 (population urbaine) et n° 17 (population rurale).

Elle montre l'effet de l'immigration temporaire des étrangers en France entre 20 et 25 ans. La faiblesse de la génération des enfants nés en 1870-1871 (tranche d'âge de 15 à 20 ans) est également mise en lumière par ce diagramme.

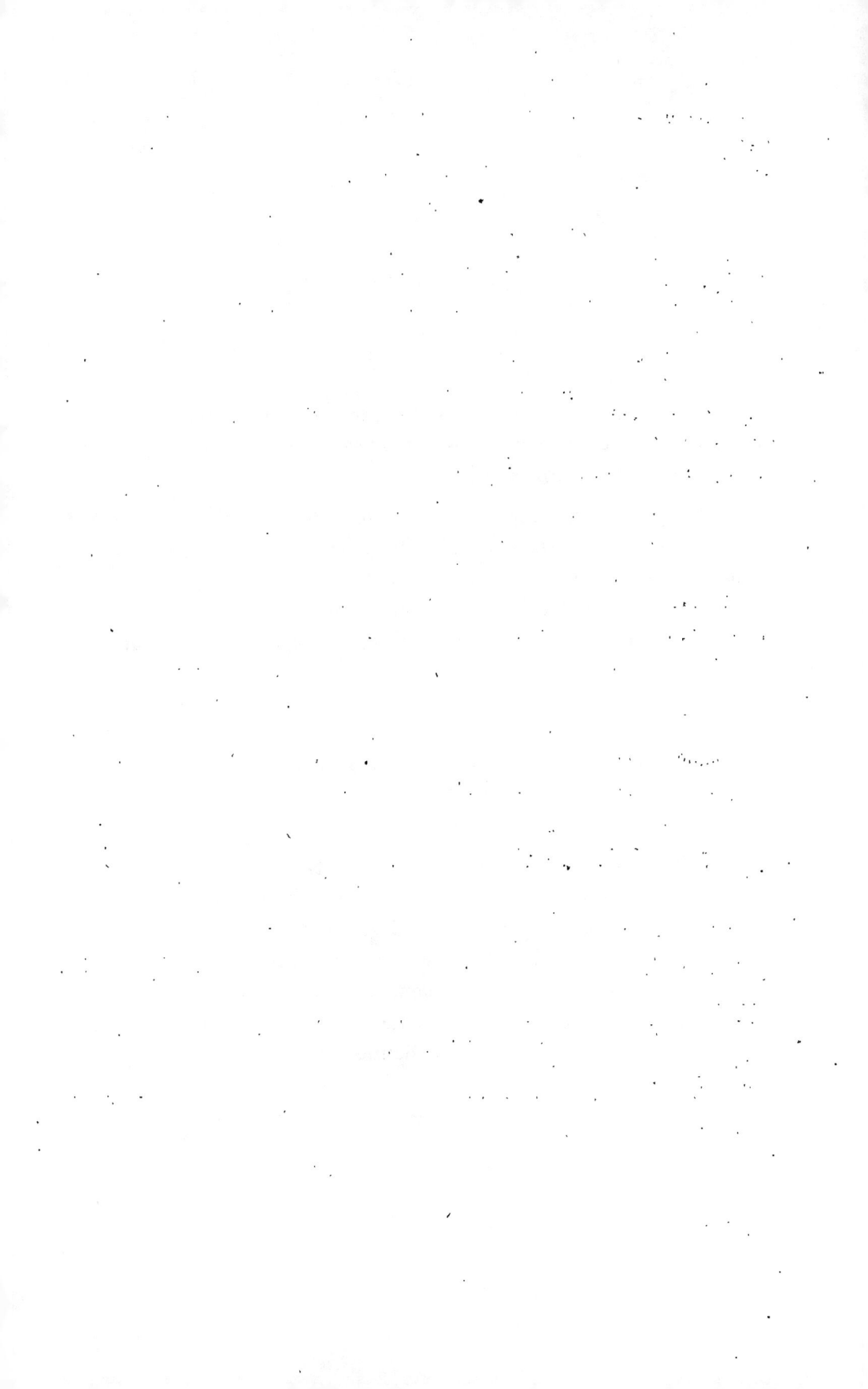

C

STÉRÉOGRAMMES.

1° **Solide figurant le nombre des vivants par âge**, à l'entrée, à droite de la salle 11. *Couleur blanche. — Dimensions : 50 centimètres de hauteur sur 45 centimètres de diamètre à la base.*

Cette pyramide qui représente l'ensemble de la population actuelle de la France par âge, a été construite de manière que le diagramme n°18 représente exactement sa section suivant l'axe : 21 tranches circulaires d'égale épaisseur (2 centimètres et demi), d'un diamètre proportionnel au nombre de vivants de chaque âge, ont été superposées, ayant leur centre sur la même verticale.

(*Consulter la notice inscrite sur le socle*).

2° **Solide figurant le nombre des décès par âge**, à l'entrée, à gauche de la salle 11. *Couleur noire. — Dimensions : 50 centimètres de hauteur sur 50 centimètres de diamètre à la base.*

Ce solide, formé, comme le solide des vivants, par 21 tranches superposées, d'un diamètre proportionnel au nombre brut de décès par âge, représente le classement des 29 millions et demi de décès relevés en France pendant la période 1853-1886. Il présente un étranglement, près de la base, à l'âge de 10 à 14 ans et un évasement maximum à l'âge de 70 à 75 ans. A partir de cet âge, bien que la mortalité réelle augmente d'année en année, le nombre des décès de chaque âge diminue, à cause précisément de la réduction des effectifs des survivants.

(*Consulter la notice inscrite sur le socle*).

D.

OÜVRAGES MANUSCRITS.

1. Album de l'organisation administrative du commerce et de l'industrie en France en 1889.

Carte de la densité de la population française.
Introduction.
Conseil supérieur de statistique.

I. Représentation commerciale et industrielle.

1. Chambres de commerce.
2. Chambres consultative des arts et manufactures.
3. Syndicats professionnels.
4. Chambres de commerce françaises à l'étranger.

II. Justice consulaire.

1. Tribunaux de commerce.
2. Conseils de Prud'hommes.

III. Enseignement technique.

1. Conseil supérieur et commission permanente de l'enseignement technique.
2. Comité d'inspection de l'enseignement technique.
3. Inspection générale des écoles d'arts et métiers.
4. Inspection générale de l'enseignement technique.
5. Conservatoire des arts et métiers.
6. École centrale des arts et manufactures.
7. Écoles d'arts et métiers.
8. École d'horlogerie de Cluses. Écoles techniques. Écoles maternelles subventionnées. Écoles commerciales subventionnées.

9. Bourses commerciales de séjour à l'étranger.
10. Bourses industrielles de voyage.

IV. Officiers ministériels et agents de contrôle ou d'inspection.

1. Agents de change. Courtiers-interprètes et conducteurs de navires.
2. Courtiers inscrits.
3. Commissaires priseurs.
4. Commissaire du gouvernement près les sociétés anonymes.
5. Agents d'émigration.
6. Commission de surveillance des sociétés et agences tontinières.
7. Conseil supérieur d'inspection du travail des enfants et des filles mineures employées dans l'industrie.
8. Inspecteurs du travail des enfants et des filles mineures employées dans l'industrie.

V. Institutions et établissements à l'usage du commerce.

1. Conseil supérieur du commerce et de l'industrie.
2. Commission permanente des valeurs de douanes.
3. Comité consultatif des arts et manufactures.
4. Comité des expertises.
5. Tableau des directions des douanes.
6. Entrepôts.
7. Magasins généraux et salles de ventes publiques.
8. Bourses de commerce.
9. Musées commerciaux.
10. Bureau national des poids et mesures.
11. Vérificateurs des poids et mesures.
12. Verification des alcoomètres.
13. Bureaux publics de conditionnement.
14. Brevets d'invention.
15. Marques de fabrique et de commerce.
16. Médailles d'honneur aux vieux ouvriers.

VI. Institutions d'épargne et de prévoyance.

1. Caisses d'épargne privées.
2. Caisse d'épargne postale.
3. Commission supérieure de la caisse d'assurance en cas de décès et en cas d'accident.

4. Caisse d'assurance en cas de décès et d'accident.

5. Commission supérieure de la caisse des retraites pour la vieillesse.

6. Caisses des retraites pour la vieillesse.

2. *ALBUM manuscrit de la population par sexe, par âge et par état civil.*

Vivants par âge. — Dénombrement de 1886 :

    Population totale.

    Population urbaine.

    Population rurale.

    Département de la Seine.

    Paris, arrondissement des Champs-Élysées.

Décès par âge. (Période 1853-1886) :

    Population totale.

    Population urbaine.

    Population rurale.

    Population du département de la Seine.

Décès par âge (période 1867-1886) :

    Département du Finistère.

    Département du Lot-et-Garonne.

Proportion sur 100 vivants de chaque âge et de chaque sexe, des célibataires, des mariés et des veufs. — Dénombrement de 1886 :

    Population totale.

    Population urbaine.

    Population rurale.

Proportion sur 100 décédés de chaque âge et de chaque sexe, des célibataires, des mariés et des veufs. — Population totale. (Période 1853-1886.)

Répartition par sexe et par âge de la population urbaine (*couleur grise*), de la population rurale (*couleur verte*), de la population totale (*couleur rose*) dans chaque département. Dénombrement de 1886 (252 diagrammes).

Population par sexe, par âge et par état civil en Algérie, *couleurs bleues*, quatre teintes pour les célibataires, mariés monogames, mariés polygames, divorcés et noir pour les veufs.

Français à l'étranger classé par sexe, par âge et par état civil. — *Vert clair, vert foncé et noir.*

Population par sexe et par âge dans les villes principales de France. (Trente diagrammes.) (*Couleur rose.*)

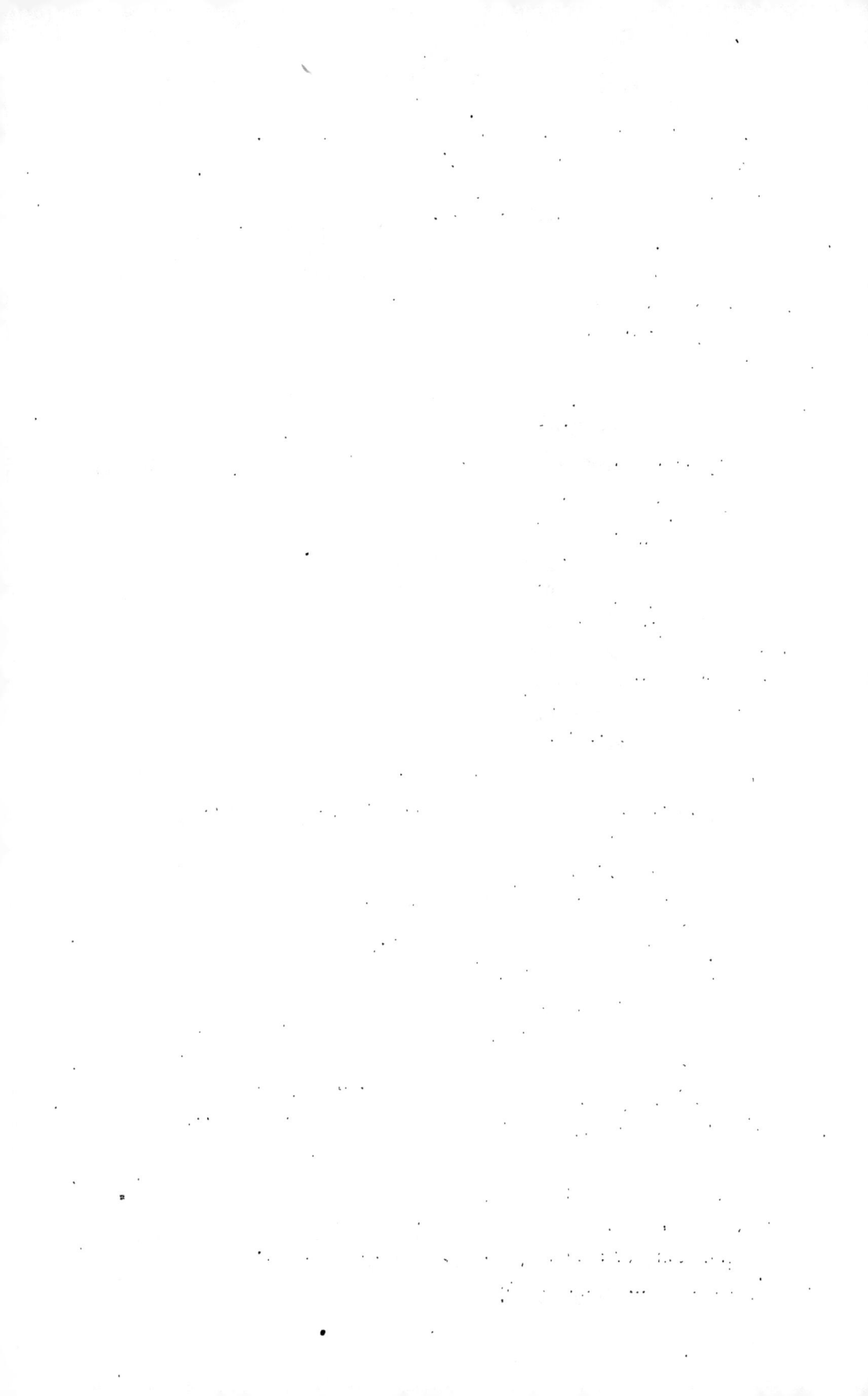

E.

TABLE ANALYTIQUE

des ouvrages manuscrits de statistique graphique exposés par le bureau de la Statistique générale de France, dans la salle 11, classe XVI, Palais des Arts libéraux, Champ de Mars.

Le classement analytique de ces ouvrages se résume comme il suit :

1. Accroissements et diminutions de la population française. 5 graphiques.
2. Mouvement de la population. Natalité. 11 graphiques.
3. Mouvement de la population. Nuptialité. 6 graphiques.
4. Mouvement de la population. Mortalité. 14 graphiques.
5. Émigration. Immigration. 11 graphiques,
6. État actuel de la population. 27 graphiques.
7. Population professionnelle. 5 graphiques.
8. Album manuscrit de la population :
   Mortalité. 7 graphiques.
   État de la population. 292 graphiques.

I. *Accroissements et diminutions de la population française.*

PANNEAU DE GAUCHE.

Carte n° 15. Excédent réciproque des naissances et des décès, par département, en 1884. *Vert et rose.* — *Échelle de* $\frac{1}{4,000,000}$.

PANNEAU DU FOND.

Carte n° 37. Excédent réciproque des naissances et des décès, par arrondissement, en 1884. *Vert et rose.* — *Échelle de* $\frac{1}{4,000,000}$. *Cartogramme à courbes de niveau.*

PANNEAU DE DROITE.

Carte n° 49. Accroissement proportionnel de la population, par arrondissement, pendant la période 1801-1886. *Vert et rose.* — *Échelle de* $\frac{1}{1,600,000}$. *Cartogramme à courbes de niveau.*

Carte n° 50. Accroissement proportionnel de la population par département pendant la période 1801-1886. *Vert et rose.* — *Échelle de $\frac{1}{4,000,000}$.*

Carte n° 51. Augmentations et diminutions de la population par kilomètre carré, dans chaque arrondissement, pendant la période 1801-1886, *Vert et rose.* — *Échelle de $\frac{1}{4,000,000}$. Cartogramme à courbes de niveau.*

II. *Mouvement de la population.* — *Natalité.*

PANNEAU DE GAUCHE.

Carte n° 1. Fécondité légitime. Nombre moyen de naissances légitimes par mariage, dans chaque département. (Période 1867-1886, vingt années) *Bleu et rose.* — *Échelle de $\frac{1}{1,600,000}$.*

Carte n° 2. Naissances naturelles. Proportion des naissances naturelles sur 100 naissances totales dans chaque département. (Période 1877-1876, dix années). *Couleur carmin.* — *Échelle de $\frac{1}{1,600,000}$.*

Carte n° 7. Naissances gémellaires. Proportion des naissances gémellaires, sur 10,000 naissances totales (mort-nés compris) dans chaque département. (Période 1867-1886. — Vingt années). *Couleur bleue.* — *Échelle de $\frac{1}{1,600,000}$.*

Carte n° 9. Fécondité légitime. Nombre moyen de naissances légitimes pour 100 femmes mariées de moins de 45 ans, dans chaque département. (Période 1877-1886. — Dix années.) *Vert et rose.* — *Échelle de $\frac{1}{1,600,000}$.*

Carte n° 10. Natalité par commune en 1886. Nombre moyen des naissances, pour 1,000 habitants dans chacune des communes de la région Ouest et Nord-Ouest de la France (Calvados, Manche, Orne, Sarthe, Mayenne, Ille-et-Vilaine, Côtes-du-Nord, Finistère, Morbihan, Loire-Inférieure, Maine-et-Loire). *Vert et rose.* — *Échelle de $\frac{1}{320,000}$. Cartogramme à courbes de niveau.*

Carte n° 12. Natalité par département en 1884. Nombre moyen de naissances pour 1,000 habitants dans chaque département. *Vert et rose.* — *Échelle de $\frac{1}{4,000,000}$.*

Carte n° 16. Natalité par canton en 1886. Nombre moyen de naissances pour 1,000 habitants, dans chaque canton. *Vert et rose. — Échelle de* $\frac{1}{1,250,000}$. *Cartogramme à courbes de niveau.*

PANNEAU DU FOND.

Carte n° 21. Fécondité des familles. Effectif moyen des familles ayant des enfants. *Bleu et rose. — Échelle de* $\frac{1}{1,600,000}$.

Carte n° 22. Fécondité des familles. — Nombre moyen d'enfants par famille (toutes familles réunies). *Vert et rose. — Échelle de* $\frac{1}{1,600,000}$.

Carte n° 30. Natalité par arrondissement en 1884. — Nombre moyen de naissances pour 1,000 habitants dans chaque arrondissement. *Vert et rose. — Échelle de* $\frac{1}{4,000,000}$. *Cartogramme à courbes de niveau.*

PANNEAU DE DROITE.

Carte n° 55. Nombre d'enfants par famille. — Classement des familles suivant le nombre de leurs enfants dans chaque département. Couleur : *Bleu et rose, échelle de* $\frac{1}{1,250,000}$. *Cartogramme à foyers diagraphiques.*

III. — *Mouvement de la population. — Nuptialité.*

PANNEAU DE GAUCHE.

Carte n° 5. Degré d'instruction des époux. — Proportion moyenne des femmes ayant signé d'une croix leur acte de mariage, sur 100 mariées, dans chaque département. (Période 1877-1886, dix années). *Couleur verte. — Échelle de* $\frac{1}{1,600,000}$.

Carte n° 6. Degré d'instruction des époux. — Proportion moyenne des hommes ayant signé d'une croix leur acte de mariage, sur 100 mariés, dans chaque département. (Période 1877-1886, dix années). *Couleur verte. — Échelle de* $\frac{1}{1,600,000}$.

Carte n° 13. Nuptialité par département en 1884. — Nombre moyen de mariages, pour 1,000 habitants, dans chaque département. *Vert et rose, — Échelle de* $\frac{1}{4,000,000}$.

Carte n° 26. Nombre de personnes mariées sur 100 habitants, dans chaque département. *Bleu et rose.* — *Échelle de* $\frac{1}{1,000,000}$.

Carte n° 36. Nuptialité par arrondissement en 1884. — Nombre moyen de mariages pour 1,000 habitants dans chaque arrondissement. *Bleu et rose.* — *Échelle de* $\frac{1}{4,000,000}$.

Carte n° 54. Nuptialité par canton en 1886. — Nombre moyen de mariages pour 1,000 habitants dans chaque canton. *Couleur bleue.* — *Échelle de* $\frac{1}{1,250,000}$. *Cartogramme à courbes de niveau.*

IV. — *Mouvement de la population.* — *Mortalité.*

Carte n° 8. Mortalité par commune en 1886. — Nombre moyen de décès pour 1,000 habitants dans chacune des communes de la région Ouest et Nord-Ouest de la France (Calvados, Manche, Orne, Sarthe, Mayenne, Ille-et-Vilaine, Côtes-du-Nord, Finistère, Morbihan, Loire-Inférieure, Maine-et-Loire). *Vert et rose, échelle de* $\frac{1}{320,000}$. *Cartogramme à courbes de niveau.*

Carte n° 11. Mortalité par canton en 1886. — Nombre moyen de décès pour 1,000 habitants dans chaque canton. *Bleu et rose.* — *Échelle de* $\frac{1}{1,250,000}$. *Cartogramme à courbes de niveau.*

Carte n° 14. Mortalité par département en 1884. — Nombre moyen de décès pour 1,000 habitants dans chaque département. (Carte montrant les ravages de l'épidémie cholérique dans le Sud-Est de la France en 1884.) *Vert et rose.* — *Échelle de* $\frac{1}{4,000,000}$.

Carte n° 17. Mortalité du premier âge. — Enfants légitimes. — Proportion des décès d'enfants de moins d'un an sur 100 naissances pendant la période 1877-1886. *Couleur grise.* — *Échelle de* $\frac{1}{1,600,000}$.

Carte n° 18. Carte des centenaires. — Répartition proportionnelle par département des centenaires décédés en France, pendant la période 1853-1885. *Couleur verte.* — *Échelle de* $\frac{1}{1,600,000}$.

PANNEAU DU FOND.

Carte n° 31. Mortalité par arrondissement en 1884. — Nombre moyen de décès pour 1,000 habitants dans chaque arrondissement. *Vert et rose.* — *Échelle de* $\frac{1}{4,000,000}$. *Cartogramme à courbes de niveau.*

PANNEAU DE DROITE.

Carte n° 48. Âge moyen des décédés (sexe masculin). — Moyenne des années vécues par les hommes décédés dans chaque département, pendant la période 1867-1886 (vingt années). *Vert et violet.* — *Échelle de* $\frac{1}{1,250,000}$.

Carte n° 53. Âge moyen des décédés (sexe féminin). — Moyenne des années vécues par les femmes décédées dans chaque département pendant les périodes 1867-1886 (vingt années). *Vert et violet.* — *Échelle de* $\frac{1}{1,250,000}$.

Diagramme n° 7. Mortalité absolue par sexe, par âge et par état civil, dans le département de la Seine. *Rose, rouge et noir. Dimensions : 50 centimètres sur 70 centimètres.*

Diagramme n° 8. Table de mortalité pour chacun des deux sexes. (Mortalité relative par âge). *Rouge et vert. Dimensions : 1ᵐ 20 sur 2 mètres.*

Diagramme n° 13. Mortalité absolue par sexe, par âge et par état civil. — Population urbaine. *Gris clair, gris foncé et noir. Dimensions : 50 centimètres sur 70 centimètres.*

Diagramme n° 14. Mortalité par sexe, par âge et par état civil. — Population rurale. *Vert clair, vert foncé et noir. Dimensions : 50 centimètres sur 70 centimètres.*

Diagramme n° 15. Mortalité par sexe, par âge et par état civil. — Population totale. *Rose, rouge et noir. Dimensions : 50 centimètres sur 70 centimètres.*

Stéréogramme n° 2. Mortalité absolue par âge. — Classement par âge, des 29 millions de décès relevés en France pendant la période 1853-1886. *Couleur noire. Dimensions : 50 centimètres de hauteur sur 50 centimètres de diamètre à la base.*

V. *Émigration.* — *Immigration.*

Carte n° 24. Étrangers en France. — Espagnols. *Marron.* — *Échelle de* $\frac{1}{1,600,000}$.

Carte n° 29. Étrangers en France. — Allemands. *Couleur grise.* — *Échelle de* $\frac{1}{1,600,000}$.

Carte n° 32. Étrangers en France. — Anglais. *Couleur rose.* — *Échelle de* $\frac{1}{4,000,000}$.

Carte n° 33. Émigration intérieure. — Proportion des Français nés dans les départements où ils ont été recensés. *Bleu et rose.* — *Échelle de* $\frac{1}{4,000,000}$.

Carte n° 35. Étrangers en France. — Belges. *Couleur bleue.* — *Échelle de* $\frac{1}{4,000,000}$.

Carte n° 38. Étrangers en France. — Italiens. *Couleur verte.* — *Échelle de* $\frac{1}{1,600,000}$.

Carte n° 39. Étrangers en France. — Répartition proportionnelle des étrangers de toute nationalité. *Couleur rose.* — *Échelle de* $\frac{1}{1,600,000}$. *Cartogramme à courbes de niveau.*

Carte n° 40. Français à l'étranger. — Mappemonde indiquant la répartition des Français sur la surface du globe. *Couleur multicolore.* — *Échelle de* $\frac{1}{20,000,000}$. *Cartogramme à foyers diagraphiques.*

Carte n° 41. Étrangers en France. — Suisses. *Couleur carmin.* — *Échelle de* $\frac{1}{1,600,000}$.

Carte n° 42. Français à l'étranger. — Français résidant à l'étranger, rapportés à leur département d'origine. *Couleur rose.* — *Échelle de* $\frac{1}{1,600,000}$.

Diagramme n° 5. Français à l'étranger. — Pyramides des âges des Français à l'étranger. — Classement par sexe, par âge et par état civil. *Trois teintes de vert.* — *Dimensions 50 centimètres sur 70 centimètres.*

VI. *État actuel de la population.*

Carte n° 3. Population rurale en 1886. — Proportion pour 100 habitants. *Orange et vert.* — *Échelle de* $\frac{1}{4,000,000}$.

Carte n° 4. Nombre moyen d'habitants par commune en 1886. *Orange et vert.* — *Échelle de* $\frac{1}{4,000,000}$.

Diagramme n° 1. Population par sexe, par âge et par état civil (Finistère). *Rose, rouge et noir.* — *Dimensions : 50 centimètres sur 70 centimètres.*

Diagramme n° 2. Population par sexe, par âge et par état civil (Creuse). *Rose, rouge et noir. Dimensions : 50 centimètres sur 70 centimètres.*

Diagramme n° 3. Population par sexe, par âge et par état civil (Basses-Pyrénées). *Rose, rouge et noir.* — *Dimensions : 50 centimètres sur 70 centimètres.*

Diagramme n° 4. Population par sexe, par âge et par état civil (Eure). *Rose, rouge et noir.* — *Dimensions : 50 centimètres sur 70 centimètres.*

Carte n° 19. Enfants. — Proportion des enfants pour 100 habitants. *Couleur bleue.* — *Échelle de* $\frac{1}{1,600,000}$.

Carte n° 20. Célibataires adultes. — Proportion de célibataires adultes pour 100 habitants. *Couleur verte.* — *Échelle de* $\frac{1}{1,600,000}$.

Carte n° 21. Effectif moyen des familles ayant des enfants. *Bleu et rose. Échelle de* $\frac{1}{1,600,000}$.

Carte n° 22. Nombre moyen d'enfants par famille. *Vert et orange.* — *Échelle de* $\frac{1}{1,600,000}$.

Carte n° 25. Ménages de personnes isolées. — Proportion des individus vivant isolés sur 100 habitants. *Vert et violet.* — *Échelle de* $\frac{1}{1,600,000}$.

Carte n° 26. Nombre de personnes mariées, sur 100 habitants. *Bleu et rose.* — *Échelle de* $\frac{1}{4,000,000}$.

Carte n° 27. Veufs. — Proportion des veufs des deux sexes, sur 100 habitants. *Bleu et rose.* — *Échelle de* $\frac{1}{4,000,000}$.

Carte n° 28. Ménages de famille. — Composition moyenne de ménages de famille dans chaque département. *Vert et rose.* — *Échelle de* $\frac{1}{1,600,000}$.

Carte n° 33. Proportion des Français nés dans les départements où ils ont été recensés. *Bleu et rose.* — *Échelle de* $\frac{1}{4,000,000}$.

Carte n° 34. Population éparse. — Proportion de la population éparse, par 100 habitants, dans chaque département. *Bleu et rose.* — *Échelle de* $\frac{1}{4,000,000}$.

PANNEAU DE DROITE.

Carte n° 52. Âge moyen de la population. Deux sexes réunis. *Couleur rose.* — *Échelle de* $\frac{1}{4,000,000}$.

Carte n° 55. Classement des familles, d'après le nombre de leurs enfants vivants, dans chaque département. *Bleu et rose.* — *Échelle de* $\frac{1}{1,250,000}$. *Cartogramme à foyers diagraphiques.*

Diagramme n° 6. Population par sexe, par âge et par état civil (Département de la Seine). *Rose, rouge et noir.* — *Dimensions : 50 centimètres sur 70 centimètres.*

Diagramme n° 9. Classement des familles d'après le nombre de leurs enfants. — Toutes familles réunies. *Couleur rose.* — *Dimensions : 35 centimètres sur 50 centimètres.*

Diagramme n° 10. Classement des familles d'après le nombre de leurs enfants. — Familles de mariés. *Couleur bleue.* — *Dimensions : 35 centimètres sur 50 centimètres.*

Diagramme n° 11. Classement des familles d'après le nombre de leurs enfants. — Familles de veufs. *Couleur verte.* — *Dimensions : 35 centimètres sur 50 centimètres.*

Diagramme n° 12. Classement des familles d'après le nombre de leurs enfants. — Familles de divorcés. *Couleur jaune.* — *Dimensions : 35 centimètres sur 50 centimètres.*

Diagramme n° 16. Population par sexe, par âge et par état civil. — Pyramide des âges. —Population URBAINE. *Gris clair, gris foncé et noir.* — *Dimensions : 50 centimètres sur 70 centimètres.*

Diagramme n° 17. Population par sexe, par âge et par état civil. — Pyramide des âges. — Population RURALE. *Vert clair, vert foncé et noir.* — *Dimensions : 50 centimètres sur 70 centimètres.*

Diagramme n° 18. Population par sexe, par âge et par état civil. — Pyramide des âges. — Population TOTALE. *Bleu clair, bleu foncé et noir.* — *Dimensions : 50 centimètres sur 70 centimètres.*

Stéréogramme n° 1. Pyramide d'âges de la population française en 1886, d'après les résultats du dénombrement. *Couleur blanche.* — *Dimensions : 50 centimètres sur 45 centimètres de diamètre à la base*

VII. *Population professionnelle.*

PANNEAU DU FOND.

Carte n° 23. Population professionnelle. — Commerce. *Couleur grise.* — *Échelle de $\frac{1}{1,600,000}$.*

PANNEAU DE DROITE

Carte n° 44. Population professionnelle. — Personnes vivant exclusivement de leurs revenus. *Couleur bleue.* — *Échelle de $\frac{1}{1,600,000}$.*

Carte n° 45. Population professionnelle. —Industrie. *Couleur carmin.* — *Échelle de $\frac{1}{1,600,000}$.*

Carte n° 46. Population professionnelle. — Professions libérales. *Couleur verte.* — *Échelle de $\frac{1}{1,600,000}$.*

Carte n° 47. Population professionnelle. —Domestiques des deux sexes, sur 1,000 ménages de deux personnes et plus. *Couleur rose.* — *Échelle de $\frac{1}{.1,600,090}$.*

VIII. — *Album manuscrit de la population.*

Mortalité par sexe, par âge et état civil. — 7 graphiques. — Voir le détail page 31.

État de la population par sexe, par âge et état civil. — 292 graphiques. — Voir le détail page 31.

II. OUVRAGES PUBLIÉS

*par le bureau de la Statistique générale de France
et exposés dans la salle n° 11 du Palais des Arts libéraux.*

I. Statistique générale.

1ʳᵉ SÉRIE.

(Reliure en maroquin bleu.)

Documents statistiques sur la France (I, territoire; II, population; III, commerce; IV, navigation; V, colonies; VI, administration intérieure; VII, finances; VIII, forces militaires). Paris, Imprimerie royale, 1835. 1 vol. in-4°.

Archives statistiques (agriculture, industrie, commerce, etc.). Paris, Imprimerie royale, 1837. 1 vol. in-4°.

Statistique de la France.

Territoire, population. Paris, 1837. 1 vol. in-4°.
Commerce extérieur. Paris, 1838. 1 vol. in-4°.
Agriculture. Région du Nord oriental. Paris, 1840. 1 vol. in-4°.
— Région du Midi oriental. Paris, 1840. 1 vol. in-4°.
— Région du Nord occidental. Paris, 1841. 1 vol. in-4°.
— Région du Midi occidental. Paris, 1841. 1 vol. in-4°.

Administration publique. I. Établissements de bienfaisance. Paris, 1843. 1 vol. in-4°.

Administration publique. II. Établissements de répression. Paris, 1844. 1 vol. in-4°.

Industrie. Région du Nord oriental. Paris, 1847. 1 vol. in-4°.
— Région du Midi oriental. Paris, 1848. 1 vol. in-4°.
— Région du Nord occidental. Paris, 1850. 1 vol. in-4°.
— Région du Midi occidental. Paris, 1852, 1 vol. in-4°

2ᵉ SÉRIE.

(Reliure en maroquin vert.)

Tomes XVIII. — Mouvement de la population pendant les années 1861, 1862, 1863, 1864 et 1865. Strasbourg, Vᵉ Berger-Levrault, 1870. 1 vol. in-4°.

— XIX. — Enquête industrielle de 1861-1865. Nancy, Berger-Levrault et Cⁱᵉ, 1873. 1 vol. in-4°.

— XX. — Mouvement de la population pendant les années 1866, 1867 et 1868. Paris, Imprimerie nationale, 1872. 1 vol. in-4°.

NOUVELLE SÉRIE.
(Reliure en maroquin rouge.)

Tomes I. — Statistique de l'année 1871. Paris, Imprimerie nationale, 1874. 1 vol. in-4°.

— II. — Statistique de l'année 1872. Paris, Imprimerie nationale, 1875. 1 vol. in-4°.

— III. — Statistique de l'année 1873. Paris, Imprimerie nationale, 1876. 1 vol. in-4°.

— IV. — Statistique de l'année 1874. Paris, Imprimerie nationale, 1877. 1 vol. in-4°.

— V. — Statistique de l'année 1875. Paris, Imprimerie nationale, 1878. 1 vol. in-4°.

— VI. — Statistique de l'année 1876. Paris, Imprimerie nationale, 1879. 1 vol. in-4°.

— VII. — Statistique de l'année 1877. Paris, Imprimerie nationale, 1880. 1 vol. in-4°.

— VIII. — Statistique de l'année 1878. Paris, Imprimerie nationale, 1881. 1 vol. in-4°.

— IX. — Statistique de l'année 1879. Paris, Imprimerie nationale, 1882. 1 vol. in-4°.

— X. — Statistique de l'année 1880. Paris, Imprimerie nationale, 1883. 1 vol. in-4°.

— XI. — Statistique de l'année 1881. Paris, Imprimerie nationale, 1884. 1 vol. in-4°.

— XII. — Statistique de l'année 1882. Paris, Imprimerie nationale 1885. 1 vol. in-4°.

— XIII. — Statistique de l'année 1883. Paris, Imprimerie nationale, 1886. 1 vol. in-4°.

Tomes XIV. — Statistique de l'année 1884. Paris, Imprimerie nationale, 1887. 1 vol. in-4°.

— XV. — Statistique de l'année 1885. Nancy, Berger-Levrault et Cie, 1888. 1 vol. in-8°.

II. Annuaire statistique de la France.

(Reliure en maroquin rouge.)

Première année, 1878. Paris, Imprimerie nationale, 1878, 1 vol. in-8°.,

Deuxième année, 1879.   —   1879.   —

Troisième année, 1880.   —   1880,   —

Quatrième année, 1881.   —   1881.   —

Cinquième année, 1882.   —   1882.   —

Sixième année, 1883.   —   1883.   —

Septième année, 1884.   —   1884.   —

Huitième année, 1885.   —   1885.   —

Neuvième année, 1886.   —   1886.   —

Dixième année, 1887.   —   1887.   —

Onzième année, 1888. Nancy, Berger-Levrault et Cie, 1888.   —

III. Publications relatives aux dénombrements.

[1] Dénombrements des années 1841, 1846 et 1851. Paris, Imprimerie impériale, 1855, 1 vol. in-4°. Reliure en maroquin vert.

[1] Dénombrement de 1851. Paris, imprimerie Impériale, 1855. 1 vol. in-4°. Reliure en maroquin vert.

[1] Dénombrement de 1856. Strasbourg, Vve Berger-Levrault, 1859. 1 vol. in-4°. Reliure en maroquin vert.

[1] Dénombrement de 1861. Strasbourg, Vve Berger-Levrault, 1864. 1 vol. in-4°. Reliure en maroquin vert.

[1] Dénombrement de 1866. Strasbourg, Vve Berger-Levrault, 1869. 1 vol. in-4°. Reliure en maroquin vert.

Dénombrement de 1872. Paris, Imprimerie nationale, 1873. 1 vol. in-4°. Reliure en maroquin marron.

Dénombrement de 1872. Nancy, Berger-Levrault et Cie, 1873. 1 vol. in-8°. Reliure en maroquin marron.

[1] Ce volume figure dans la 2e série des publications périodiques.

Dénombrement de 1876. Paris, Imprimerie nationale. 1878. 1 vol. in-8°.
Reliure en maroquin marron.

Dénombrement de 1881. Paris, Imprimerie nationale, 1883. 1 vol. in-8°.
Reliure en maroquin marron.

Dénombrement de 1886. Nancy, Berger-Levrault et Cie, 1888. 1 vol. in-8°.
Reliure en maroquin marron.

IV. Publications diverses.

Choléra de 1854. Paris, Imprimerie impériale, 1862. 1 vol in-4°. Reliure
en maroquin marron.

Congrès international de statistique tenu à Paris en septembre 1885.
Paris, Imprimerie Ve Bouchard-Huzard, rue de l'Éperon, 5, 1856.
1 vol. petit in-4°. Reliure en maroquin rouge.

[2] Statistique agricole décennale de 1862. Strasbourg, Ve Berger-Levrault,
1868. 1 vol. in-8°. Reliure en maroquin marron.

Statistique sommaire des industries principales, avec cartes. Paris,
Imprimerie nationale, 1874. Reliure en maroquin marron.

Statistique internationale agricole. Nancy, Berger-Levrault et Cie, 1876.
1 vol. in-8°. Reliure en maroquin marron.

Bulletin du conseil supérieur de statistique. N°1. Session de 1885-1886.
Paris, Imprimerie nationale, 1886. 1 vol in-8°. Reliure en maroquin
marron.

Bulletin du conseil supérieur de statistique. N° 2. Deuxième session de 1886.
Paris, Imprimerie nationale, 1887. 1 vol. in-8°. Reliure en maroquin
marron.

Bulletin du conseil supérieur de statistique. N° 3. Session de 1887-1888.
Paris, Imprimerie nationale, 1888. 1 vol. in-8°. Reliure en maroquin
marron.

Album de statistique graphique, contenant 88 cartes en chromo-lithographie
et 15 diagrammes. Nancy, Berger-Levrault et Cie, 1889, 1 vol. in-plano
in-4° jésus. Reliure en percaline verte.

_____

[2] Voir ci-dessus *Statistique générale*, 2° série, le tome XVI in-4°, sur le même sujet,

TABLE DES MATIÈRES.

———

www.ingramcontent.com/pod-product-compliance
Lightning Source LLC
Chambersburg PA
CBHW070953280326
41934CB00009B/2064